AF297809

V.

(Atlas ...)

EMBARCATIONS

DES

NAVIRES DE GUERRE

ET

DU COMMERCE.

Par M. Ad. D'ÉTROYAT, Constructeur.

PARIS,

MALLET-BACHELIER, LIBRAIRE

DU BUREAU DES LONGITUDES, DE L'ÉCOLE POLYTECHNIQUE, QUAI DES AUGUSTINS, 55.

1856.

Nantes, Imprimerie CHARPENTIER, rue de la Fosse, 32.

EMBARCATIONS

DES

NAVIRES DE GUERRE

ET

DU COMMERCE.

Sous le titre d'*Embarcations des Navires de Guerre et du Commerce*, nous avons voulu réunir dans un cadre suffisamment étendu les données nécessaires au tracé des plans de différentes embarcations.

La méthode indiquée n'est pas nouvelle. Plusieurs constructeurs, notamment Duhamel du Monceau, ont employé avec plus ou moins de succès les échelles de réduction, les lignes proportionnelles, les triangles semblables, en prenant pour bases des ordonnées horizontales ou obliques; mais aucun, nous le croyons du moins, ne s'est appliqué à généraliser ce travail, à lui donner des proportions simples et régulières.

Cet ouvrage sera donc utile aux personnes qui s'occupent de l'art naval. Elles y puiseront de bons renseignements. Il n'est pas aussi facile qu'on se l'imagine de composer le plan d'une embarcation. Il faut une grande habitude, du goût, du coup-d'œil, pour en assortir convenablement les formes, les contours aux usages de la navigation. Autre chose est d'arrêter le plan d'une large chaloupe ou celui d'une yole élégante. On y parvient par une longue expérience.

Voici le système que nous avons adopté à la suite de sérieuses études.

D'abord, après avoir tracé rigoureusement des plans donnés d'embarcations variées, on a cherché les rapports entr'elles des trois dimensions principales, prises pour unité : la largeur se rapportant à la longueur, le creux à la largeur. Sur ces plans on a mené des ordonnées longitudinales, horizontales et verticales, toujours uniformément distribuées. On a comparé les points indicateurs des contours avec les unités de base correspondantes. Il n'a pas été difficile ensuite de dresser le tableau de ces rapports, de les appliquer à des plans d'embarcations pareilles, mais de grandeurs différentes; puis enfin de tracer des triangles semblables, donnant pour toutes sortes d'embarcations analogues, le tracé général et régulier des plans, sans recourir à d'autres échelles, sans consulter les rapports écrits.

Tel est en somme le résultat d'un travail minutieux.

Nous allons expliquer avec détail la manière de se servir de nos planches. Elles sont dessinées avec soin, avec exactitude. Cependant, si quelques erreurs s'étaient glissées, et nous ne le pensons pas, si des planches venaient à s'égarer, on pourrait sans peine, à l'aide de nos instructions, refaire soi-même les échelles.

De plus, cette méthode peut s'appliquer à d'autres embarcations qu'on voudrait copier, en augmentant ou en réduisant leurs dimensions principales.

Les embarcations des navires de guerre dessinées dans nos planches sont celles en usage pour les bâtiments de la flotte. Quant aux embarcations des navires de commerce, notre prétention n'est pas de les imposer comme types absolus. Sans doute elles sont éprouvées, elles ont produit des résultats avantageux; mais leurs formes, on le conçoit, ne peuvent pas être exclusives. L'usage, les exigences, la destination doivent parfois les modifier en quelques parties. En outre, on pourra, à l'occasion, appliquer aux navires du commerce les embarcations des navires de guerre, et réciproquement.

On comprend qu'il est nécessaire, pour l'intelligence de notre ouvrage, de savoir préalablement tracer le plan d'une embarcation, d'après un devis. Nous devons supposer le lecteur suffisamment instruit de ces procédés faciles, expliqués dans la première partie de notre *Traité élémentaire d'Architecture navale*.

Qu'il se rappelle encore que l'embarcation, une fois tracée sur nos échelles, il restera pour l'exécution à distribuer convenablement les couples, à diriger les lisses obliques, à rabattre dans son développement l'estain ou le tableau, à déterminer ses équerrages. Le principal sera obtenu, sans doute, mais il faudra le compléter par des accessoires ici peu importants, mais ailleurs indispensables.

La planche première représente trois types officiels d'embarcations des navires de guerre, savoir :

CHALOUPE DE VAISSEAU ET FRÉGATE.

DIMENSIONS PRINCIPALES.

Longueur de perpendiculaire en perpendiculaire, d'une rablure à l'autre. . .	11ᵐ810
Largeur au maître couple, en dehors des membres.	3,500
Creux sur quille, au plat-bord.	1,500

CANOT DU COMMANDANT, CANOT-MAJOR.

DIMENSIONS PRINCIPALES.

Longueur de perpendiculaire en perpendiculaire.	9ᵐ880
Largeur au maître, en dehors des membres.	2,200
Creux sur quille, au plat-bord.	0,810

YOLE POUR VAISSEAU ET FRÉGATE.

DIMENSIONS PRINCIPALES.

Longueur de perpendiculaire en perpendiculaire.	8ᵐ933
Largeur au maître, en dehors des membres.	1,500
Creux sur quille, au plat-bord.	0,620

Le tableau N° 1 dressé sur ces trois embarcations, contient en nombres abstraits les rapports des lignes d'exécution avec les unités de base. Nous devons donner, pour l'intelligence de ce tableau, des explications détaillées, qu'on appliquera également à tous les autres tableaux, soit pour les embarcations des navires de guerre, soit pour les embarcations des navires du commerce.

DIMENSIONS PRINCIPALES.

Unités de base : Longueur, largeur et creux.

L'unité fondamentale, celle d'où s'écoulent les autres, c'est la longueur de perpendiculaire en perpendiculaire, d'une rablure à l'autre.

La largeur au maître, en dehors des membres, n'est qu'une fraction relative de la longueur. On la trouve ici exprimée, pour les chaloupes, par 0,280 de la longueur. C'est-à-dire, que pour obtenir la largeur, sur une longueur donnée, on multiplie cette longueur par le rapport, 0,280

EXEMPLE :

La longueur étant donnée à 7 mètres, la largeur sera égale à

$$7^m \times 0,280 = 1^m 960$$

Si la largeur était fixée d'avance, on trouverait la longueur en divisant cette largeur par le même rapport.

EXEMPLE.

La largeur étant donnée à 2 mètres, la longueur sera égale à

$$\frac{2^m}{0,280} = 7^m 143$$

Le creux sur quille, au plat-bord, est une dimension comparée à la largeur. Pour la déterminer, l'opération est la même que pour trouver la largeur. On aurait donc à multiplier cette largeur par le rapport 0,394 indiqué pour les chaloupes; ou, s'il s'agissait d'une yole, le facteur serait 0,413, relativement à la largeur.

Le creux, une fois arrêté, devient à son tour la troisième unité de base.

DISTRIBUTION DES COUPLES PROVISOIRES.

Unité de base : Longueur.

On a divisé la longueur de perpendiculaire en perpendiculaire, d'une rablure à l'autre, en *couples provisoires*, destinés seulement au tracé du plan.

Le 3e couple avant se place invariablement au 12e de la longueur, à partir de la perpendiculaire de l'étrave. Le rapport en fraction décimale est donné au tableau N° 1.

Le 2 avant se place au 6e de cette longueur.

Le 1er avant, au milieu de la distance comprise entre le 2 et le maître.

La position du maître couple est donnée au tableau, relativement à la longueur, à partir de la perpendiculaire de l'étrave.

Le 4 et le 3 arrière ont une position identique à celle des 3 et 2 avant, à partir de la perpendiculaire d'étambot.

Le 1er et le 2 arrière divisent en trois parties égales la distance comprise entre le 3 arrière et le maître.

On donne communément deux maîtres couples aux petites embarcations, trois aux grandes, suivant le développement des contours. La distance entre les couples d'exécution varie de 30 à 40 centimètres, pour membrure équarrie, de 15 à 20 centimètres, pour membrure ployée.

TRACÉ DE LA RABLURE DE L'ÉTRAVE.

Unités de base : Longueur et creux.

L'élancement de la rablure de l'étrave, sur quille, se rapporte à la longueur totale. Ce rapport est représenté par 0,111 de la longueur, au tableau N° 1, pour les chaloupes. Inutile d'expliquer de nouveau que ce chiffre, multiplié par la longueur, produit l'élancement.

Pour obtenir le contour de la rablure, on a mené au plan longitudinal deux ordonnées horizontales, parallèles, qui divisent en trois parties égales la hauteur comprise entre le dessus de quille et le creux au maître. La première ordonnée inférieure est donc au tiers de cette hauteur, à partir du bas, l'ordonnée supérieure se trouve aux deux tiers.

On voit au tableau N° 1 les rapports des distances de la rablure à la perpendiculaire, sur ces ordonnées, savoir :

> Ordonnée inférieure, 0,034 de la longueur, pour chaloupe.
> Ordonnée supérieure, 0,013   —   —

C'est donc à partir de la perpendiculaire de l'étrave qu'on porte sur ces ordonnées les distances obtenues par ces rapports.

La hauteur du plat-bord à la perpendiculaire est la limite supérieure de la rablure. C'est le point d'intersection de la rablure avec la perpendiculaire. Cette hauteur, au lieu de se porter à partir du plan supérieur de la quille, comme dans les devis ordinaires, se prend ici à compter d'une droite menée parallèlement à la quille, à la hauteur du creux au maître, dans le plan longitudinal. Le rapport de cette hauteur est comparé avec le creux, unité de base. Il est au tableau N° 1, de 0,238 du creux, pour chaloupes.

TRACÉ DE LA RABLURE D'ÉTAMBOT.

Unités de base : Longueur et creux.

La droite représentant la rablure d'étambot a ses deux limites fixées. La quête sur quille se rapporte à la longueur. La hauteur du plat-bord au-dessus du creux, à la perpendiculaire, se rapporte au creux. Le premier de ces rapports est de 0,030 de la longueur pour les chaloupes; le deuxième est de 0,361 du creux au maître, à porter au-dessus du creux, ainsi qu'on vient de l'expliquer.

Il convient ainsi d'arrêter la hauteur du pied de l'estain sur la rablure d'étambot. Cette hauteur se porte verticalement sur quille au point d'intersection de la rablure. Son rapport est de 0,377, du creux au maître, pour les chaloupes, tableau N° 1.

TRACÉ DU MAITRE COUPLE.

Unités de bases : Largeur et creux.

Les données du tableau N° 1 suffisent pour le tracé de cette courbe essentielle.

L'acculement de la varangue, ou la hauteur prise sur quille au milieu de la demi-largeur, a son rapport donné avec le creux au maître, suivant l'espèce d'embarcation. Cet acculement, pour les chaloupes, est représenté par 0,061 du creux au maître.

Les ordonnées qui servent à déterminer le contour du maître, sont absolument les mêmes que celles employées au tracé de la rablure de l'étrave. Elles partagent la distance comprise entre le plan supérieur de la quille et le creux au plat-bord en trois divisions égales. On les a suffisamment indiquées. Les demi-largeurs sur ces ordonnées, de chaque côté de l'axe vertical, se rapportent à la largeur au maître, unité de base. Ces rapports sont :

A l'ordonnée inférieure, 0,466 de la largeur, pour chaloupe.
A l'ordonnée supérieure, 0,498   —   —

Quant à l'ordonnée au plat-bord, la hauteur ou le creux, la largeur au maître sont tout d'abord arrêtées.

On a donc de la sorte un nombre suffisant de points générateurs du maître. De plus, les sections longitudinales déterminent aussi des points de ce contour. Nous y reviendrons.

Nous n'avons rien indiqué pour les dimensions de la quille, de l'étrave, de l'étambot, etc.; leur épaisseur varie de 4 à 6 centimètres, la hauteur, de 10 à 16 centimètres. Le fond de rablure, c'est l'épaisseur, moins le joint du bordé. Nous jugeons le lecteur au courant de ces pratiques élémentaires.

TRACÉ DE LA LISSE DE PLAT-BORD.

Unités de base : Largeur et creux.

On a deux courbures à tracer pour cette lisse : l'une au plan longitudinal, c'est la tonture : l'autre au plan horizontal, c'est le contour supérieur de l'embarcation.

La tonture se porte sur les couples provisoires, à partir de la ligne du creux au maître, ainsi que nous l'avons expliqué, suivant les rapports avec le creux, donnés au tableau N° 1.

Les demi-largeurs sur les couples provisoires ont aussi leurs rapports établis avec la largeur au maître. Nous jugeons inutile de multiplier des détails surabondants.

TRACÉ DE L'ORDONNÉE SUPÉRIEURE, AUX DEUX TIERS.

Unité de base : Largeur.

Rien de plus simple. Les demi-largeurs, dont les rapports sont donnés au tableau N° 1 avec la largeur au maître, se portent aussi sur chaque couple provisoire. Est-il besoin d'ajouter que ses limites sont fixées au plan horizontal par la projection des intersections de l'ordonnée avec les râblures d'étrave et d'étambot, en tenant compte des épaisseurs des pièces inférieures, au fond de râblure.

TRACÉ DE L'ORDONNÉE INFÉRIEURE, AU TIERS.

Unité de base : *Largeur.*

Même opération que pour l'ordonnée supérieure. Cette ordonnée ne rencontre pas ordinairement le tableau. Ses rapports avec la largeur au maître se trouvent indiqués au tableau N° 1

TRACÉ DES SECTIONS LONGITUDINALES.

Unité de base : *Creux.*

Pour les embarcations des navires de guerre, pour celles dont le tableau a peu de largeur, on a tracé deux sections longitudinales; elles divisent en trois parties égales, sur le vertical, la demi-largeur au maître.

Ainsi qu'on l'a fait remarquer, au tracé du maître couple, ces deux sections déterminent encore deux points pour chaque côté du maître.

Une seule section longitudinale a été tracée pour les embarcations des navires du commerce. Elle se trouve précisément à l'acculement de la varangue, c'est-à-dire, au milieu de la demi-largeur.

Portez les hauteurs sur quille à chaque couple provisoire, suivant les rapports donnés avec le creux au tableau N° 1. Les points d'intersection extrêmes se déterminent par l'intersection des projections horizontales avec le contour du plat-bord.

Tels sont les procédés employés par nous pour reproduire les embarcations des navires de guerre et du commerce. Le tableau N° 2 est une application directe des rapports du tableau N° 1, à trois autres embarcations dessinées planche 2. Les lignes d'exécution y sont tracées, et il sera facile de les suivre au moyen des instructions qui précèdent. Les projections horizontales sont superposées au plan longitudinal, faute d'espace.

C'est encore au moyen du tableau N° 1, que, généralisant les applications, nous avons dressé, planches 3, 4, 5, 6 et 7, les échelles proportionnelles, ou triangles semblables, au moyen desquels on pourra reproduire des embarcations pareilles, quelles que soient leurs dimensions principales.

Il suffit de jeter les yeux sur ces planches pour en comprendre l'utilité. Les planches 3 et 4 représentent les traces se rapportant à la longueur, prise pour unité de base. La distribution des couples étant la même pour toutes les embarcations, on ne l'a marquée que sur l'une des échelles.

Si du sommet du triangle on porte sur la base une longueur quelconque représentant celle d'une embarcation, suivant une échelle arbitraire, que l'on élève une perpendiculaire, elle coupera les lignes obliques en des points qui seront précisément les points indicateurs de l'embarcation nouvelle, relativement à la largeur, à la distribution des couples provisoires, élancement, quête, etc., se rapportant à cette unité de base, bien entendu, pour chaque espèce d'embarcation désignée au tableau et reproduite sur les planches.

La base des échelles de longueur est égale à 10ᵐ sur une échelle de 5 centimètres par mètre, soit 50 centimètres, en réalité.

Les planches 5, 6 et 7 figurent les échelles générales se rapportant à la largeur et au creux, pris pour unité de base et relativement à chaque espèce d'embarcations. On a séparé les parties de l'avant et de l'arrière. Il est superflu de prévenir que le creux de la nouvelle embarcation se porte de la base de l'échelle, à l'unité de creux, qu'il en est de même pour la largeur, sur la base de cette seconde unité. On déterminera de la sorte les hauteurs du plat-bord, ses demi-largeurs, celles des ordonnées, les sections longitudinales, etc. La base du creux a 0ᵐ10 de longueur, celle de la largeur à 0ᵐ20 sur les échelles.

Ce même travail, nous l'avons également appliqué aux embarcations des navires du commerce. On en suivra les détails aux tableaux Nᵒˢ 3 et 4, aux planches 4, 8, 9, 10, 11, 12 et 13. Voici les dimensions principales des trois embarcations types, planche 8 :

CANOT.

Longueur de perpendiculaire en perpendiculaire	7ᵐ000
Largeur au maître, en dehors des membres	2,100
Creux sur quille, au plat-bord	0,872

CHALOUPE.

Longueur de perpendiculaire en perpendiculaire	8ᵐ000
Largeur au maître, en dehors des membres	2,840
Creux sur quille, au plat-bord	1,136

PORTE-MANTEAU.

Longueur de perpendiculaire en perpendiculaire	6ᵐ000
Largeur au maître, en dehors des membres	1,620
Creux sur quille, au plat-bord	0,700

Enfin, nous avons dessiné, planche 14, trois embarcations des navires de guerre, dont les rapports n'ont pas été calculés.

PETIT CANOT, OU YOUYOU.

DIMENSIONS PRINCIPALES.

Longueur de perpendiculaire en perpendiculaire	4ᵐ000
Largeur au maître, en dehors des membres	1,400
Creux sur quille, au plat-bord	0,600

Tirant d'eau, lége, sur quille : arrière, 30 centimètres, avant, 10 centimètres. Différence, 20 centimètres. Le poids de la coque est de 318 kilogrammes.

CANOT, POUR VAISSEAU ET FRÉGATE.

DIMENSIONS PRINCIPALES.

Longueur de perpendiculaire en perpendiculaire. 9ᵐ700
Largeur au maître, en dehors des membres.. 2,240
Creux sur quille, au plat-bord. 0,870

Tirant d'eau, lége, sur quille : arrière, 34 centimètres, avant, 15 centimètres. Différence, 19 centimètres.

GRAND CANOT, POUR VAISSEAU ET FRÉGATE.

DIMENSIONS PRINCIPALES.

Longueur de perpendiculaire en perpendiculaire. 10ᵐ500
Largeur au maître, en dehors des membres. 2,600
Creux sur quille, au plat-bord. 0,940

La planche 15, et dernière, représente un canot fin, aux formes gracieuses, pour un grand navire du commerce.

Ce plan est tracé avec différence de tirant d'eau. On a mené une droite passant par le plan supérieur de la quille, au milieu, et inclinée sui ont le tirant d'eau voulu. On conçoit que de la sorte il faut, au vertical, abaisser ou relever les pieds des couples, pour leur faire rencontrer la quille ou ses prolongements. Ce procédé simplifie les projections des lignes d'eau tracées avec différence. Il est employé par bien des constructeurs, même pour le tracé des bâtiments.

DIMENSIONS PRINCIPALES.

Longueur de perpendiculaire en perpendiculaire. 9ᵐ800
Largeur au maître, en dehors des membres.. 2,360
Creux sur quille, au plat-bord. 1,180

Nous avons ajouté à cette dernière planche une chaloupe employée à passer la barre du Boucaut, à l'entrée de Bayonne. Cette excellente embarcation, d'une marche supérieure, conduite par d'agiles rameurs, se rapproche un peu de la forme des baleinières.

DIMENSIONS PRINCIPALES.

Longueur de perpendiculaire en perpendiculaire. 9ᵐ500
Largeur au maître, en dehors des membres. 1,860
Creux sur quille, au plat-bord. 0,780

Comme complément nécessaire de cet ouvrage, il serait à désirer qu'on pût réunir, ainsi qu'on le voit dans Chapman, ainsi qu'on l'a fait à Toulon pour le Génie maritime, une collection variée d'em' réations du commerce. M. Paris, officier supérieur de la Marine, a publié également un fort bel atlas sur les navires et les embarcations des parages lointains. Rien n'empêcherait d'appliquer notre méthode aux classifications raisonnées des bâtiments du commerce, d'en faire ressortir les dimensions, les contours, le déplacement, la stabilité, le tonnage, suivant le genre, l'espèce et la destination. On obtiendrait de la sorte un ensemble précieux d'excellents tableaux qui, devenus d'une utilité générale, contribueraient à propager, à perfectionner encore des constructions justement renommées.

> ...... Fragilem truci
> Commisit pelago ratem.
>
> Horat.

EMBARCATIONS DES NAVIRES DE GUERRE.

Rapports, en nombres abstraits, avec les trois unités de base.

NOMENCLATURE.	UNITÉS DE BASE.	CHALOUPES.	CANOTS MAJOR.	YOLES.
DIMENSIONS PRINCIPALES.				
Longueur de perpendiculaire en perpendiculaire.	»	1,000	1,000	1,000
Largeur au maître, en debors des membres. . .	Longueur	0,280	0,224	0,168
Creux sur quille, au plat-bord.	Largeur	0,394	0,382	0,413
Distribution des couples provisoires.				
De la perpendiculaire d'étrave, au 3 avant. . .	Longueur	0,083	0,083	0,083
— — au 2 — . . .	—	0,166	0,166	0,166
— — au maître . . .	—	0,456	0,437	0,486
Le 1er avant se place au milieu de la distance comprise entre le 2 et le maître.				
De la perpendiculaire d'étambot, au 4 arrière...	—	0,083	0,083	0,083
— — au 5 — . . .	—	0,166	0,166	0,166
Le 1er et le 2 arrière divisent en trois parties égales la distance comprise entre le 3 et le maître.				
Tracé de la rablure d'étrave.				
Élancement de la rablure, sur quille.	Longueur	0,111	0,101	0,094
Pour obtenir le contour de la rablure, on mène des ordonnées horizontales qui divisent en trois parties égales la hauteur comprise entre le dessous de quille et le creux au maître.				
Distances de la rablure à la perpendiculaire :				
Ordonnée inférieure, au tiers du creux. . . .	—	0,034	0,040	0,026
Ordonnée supérieure, aux deux tiers du creux.	—	0,013	0,018	0,012
Hauteur du plat-bord, à la perpendiculaire d'étrave à porter au-dessus du creux.	creux	0,238	0,401	0,435
Tracé de la rablure d'étambot.				
Quête de la rablure, sur quille.	Longueur	0,030	0,038	0,022
Hauteur du plat-bord, à la perpendiculaire d'étambot, à porter au-dessus du creux.	Creux	0,561	0,476	0,552
Hauteur verticale du pied de l'estain, sur quille.	—	0,577	0,762	0,778

NOMENCLATURE.	UNITÉS DE BASE.	CHALOUPES.		CANOTS MAJOR.		YOLES.	
Tracé du maître couple.							
Acculement de la varangue au demi-bau. . . .	Creux	0,061		0,089		0,081	
Pour obtenir le contour du maître, on mène, comme pour le tracé de la rablure d'étrave, deux ordonnées horizontales qui divisent en trois parties égales la hauteur comprise entre le dessus de quille et le creux au maître.							
Demi-largeurs : à l'ordonnée inférieure. . .	Largeur	0,466		0,434		0,437	
— à l'ordonnée supérieure. . .	—	0,498		0,495		0,499	
— au plat-bord	—	0,500		0,500		0,500	
Tracé de la lisse de plat-bord.							
C'est à partir d'une ordonnée horizontale, menée à la hauteur du creux au maître, que se portent les points de la tonture du plat-bord.		Hauteurs.	1/2 largeurs.	Hauteurs.	1/2 largeurs.	Hauteurs.	1/2 largeurs.
Au 1er avant.	Creux	0,008	0,497	0,028	0,500	0,032	0,490
Au 2 —	pour	0,069	0,457	0,119	0,454	0,184	0,430
Au 3 —	les	0,138	0,371	0,218	0,373	0,290	0,320
Au 1er arrière	hauteurs.	0,030	0,497	0,029	0,493	0,048	0,493
Au 2 —	Largeur	0,093	0,480	0,145	0,454	0,161	0,447
Au 3 —	pour	0,185	0,448	0,253	0,386	0,280	0,370
Au 4 —	les	0,269	0,414	0,357	0,318	0,393	0,287
Au tableau.	1/2 largrs.	0,361	0,376	0,476	0,233	0,532	0,187
Les points du maître sont donnés au tracé du maître couple.							
Tracé de l'ordonnée supérieure, aux deux tiers du creux.							
Au 1er avant. Demi-largeurs	Largeur	0,497		0,491		0,483	
Au 2 — —	—	0,448		0,424		0,387	
Au 3 — —	—	0,333		0,300		0,233	
Au 1er arrière. —	—	0,497		0,489		0,487	
Au 2 — —	—	0,480		0,445		0,423	
Au 3 — —	—	0,430		0,300		0,293	
Au 4 — —	—	0,357		0,114		0,130	
Au tableau. —	—	0,236		r		»	

NOMENCLATURE.		UNITÉS DE BASE.	CHALOUPES.	CANOTS MAJOR.	YOLES.
Tracé de l'ordonnée inférieure, au tiers du creux.					
Au 1er avant.	Demi-largeurs	Largeur	0,458	0,425	0,433
Au 2 —	—	—	0,370	0,310	0,273
Au 3 —	—	—	0,194	0,129	0,110
Au 1er arrière.	—	—	0,454	0,414	0,410
Au 2 —	—	—	0,421	0,309	0,305
Au 3 —	—	—	0,279	0,095	0,140
Au 4 —	—	—	0,086	"	"
Tracé de la première section longitudinale.					
Les deux sections longitudinales divisent en trois parties égales la demi-largeur au maître, sur le vertical.					
La première section est la plus rapprochée de l'axe.					
Au maître.	Hauteurs sur quille. . .	Creux	0,038	0,054	0,040
Au 1er avant.	— . . .	—	0,050	0,075	0,081
Au 2 —	— . . .	—	0,115	0,161	0,202
Au 3 —	— . . .	—	0,507	0,393	0,500
Au 1er arrière.	— . . .	—	0,046	0,075	0,081
Au 2 —	— . . .	—	0,098	0,179	0,185
Au 3 —	— . . .	—	0,258	0,476	0,435
Au 4 —	— . . .	—	0,407	0,750	0,774
Au tableau.	— . . .	—	0,600	1,172	1,210
Tracé de la deuxième section longitudinale.					
Au maître.	Hauteurs sur quille. . .	Creux	0,111	0,155	0.169
Au 1er avant.	— . . .	—	0,131	0,178	0.205
Au 2 —	— . . .	—	0,269	0,365	0,484
Au 3 —	— . . .	—	0,677	0,803	"
Au 1er arrière.	— . . .	—	0,125	0,185	0,245
Au 2 —	— . . .	—	0,196	0,545	0,597
Au 3 —	— . . .	—	0.577	0,750	0,847
Au 4 —	— . . .	—	0,592	"	"
Au tableau.	— . . .	—	0.850	"	"

EMBARCATIONS DES NAVIRES DE GUERRE.

Applications des rapports du N° 1 à trois embarcations.   (Planche II.)

DEVIS DU TRACÉ.	CHALOUPES.	CANOT.	YOLE.
DIMENSIONS PRINCIPALES.			
Longueur de perpendiculaire en perpendiculaire.	5ᵐ000	5ᵐ000	5ᵐ000
Largeur au maître, en dehors des membres.	1,400	1,120	0,840
Creux sur quille, au plat-bord.	0,552	0,428	0,347
Distribution des couples provisoires.			
De la perpendiculaire d'étrave : au 3 avant.	0,416	0,416	0,416
— — au 2 —	0,833	0,833	0,833
— — au maître.	2,280	2,185	2,430
De la perpendiculaire d'étambot : au 4 arrière.	0,416	0,416	0,416
— — au 3 —	0,833	0,833	0,833
Rablure d'étrave.			
Élancement, sur quille.	0,555	0,505	0,470
Distances de la rablure à la perpendiculaire :			
Ordonnée inférieure.	0,170	0,200	0,150
Ordonnée supérieure.	0,065	0,090	0,060
Hauteur du plat-bord au-dessus du creux, à la perpendiculaire.	0,151	0,175	0,151
Rablure d'étambot.			
Quête sur quille.	0,150	0,190	0,110
Hauteur du plat-bord au-dessus du creux, à la perpendiculaire.	0,200	0,204	0,185
Hauteur du pied de l'estain.	0,208	0,328	0,270
Maître couple.			
Acculement.	0,034	0,038	0,028
Demi-largeurs : ordonnée inférieure	0,652	0,486	0,367
— ordonnée supérieure.	0,697	0,554	0,419
— plat-bord.	0,700	0,560	0,420

DEVIS DU TRACÉ.	CHALOUPE.		CANOT.		YOLE.	
	Hauteurs.	1/2 largeurs.	Hauteurs.	1/2 largeurs.	Hauteurs.	1/2 largeurs.
Lisse de plat-bord.						
Au 1er avant..........................	0m004	0m695	0m012	0m560	0m011	0m412
Au 2 —	0,058	0,640	0,051	0,508	0,061	0,561
Au 3 —	0,076	0,519	0,095	0,418	0,101	0,269
Au 1er arrière.......................	0,016	0,695	0,012	0,552	0,017	0,414
Au 2 —	0,051	0,672	0,062	0,508	0,056	0,375
Au 3 —	0,102	0,627	0,108	0,452	0,097	0,511
Au 4 —	0,148	0,580	0,155	0,356	0,157	0,211
Au tableau	0,208	0,526	0,326	0,251	0,270	0,157
Ordonnée supérieure.						
Demi-largeurs : au 1er avant..............		0,695		0,550		0,406
— au 2 —		0,627		0,475		0,325
— au 3 —		0,466		0,356		0,196
— au 1er arrière..............		0,695		0,548		0,409
— au 2 —		0,672		0,498		0,355
— au 3 —		0,602		0,356		0,241
— au 4 —		0,500		0,127		0,109
— au tableau..............		0,550		"		"
Ordonnée inférieure.						
Demi-largeurs : au 1er avant..............		0,642		0,474		0,564
— au 2 —		0,518		0,547		0,229
— au 3 —		0,272		0,144		0,092
— au 1er arrière..............		0,655		0,464		0,344
— au 2 —		0,589		0,346		0,254
— au 3 —		0,590		0,106		0,118
— au 4 —		0,120		"		"
Première section longitudinale.						
Hauteurs sur quille : au maître...............		0,021		0,023		0,014
— au 1er avant...............		0,028		0,032		0,028
— au 2 —		0,065		0,069		0,070
— au 3 —		0,169		0,168		0,173
— au 1er arrière...............		0,025		0,055		0,028
— au 2 —		0,054		0,077		0,064
— au 3 —		0,151		0,204		0,151
— au 4 —		0,225		0,550		0,268
— au tableau...............		0,551		0,521		0,420

5

DEVIS DU TRACÉ.	CHALOUPE.	CANOT.	YOLE.
Deuxième section longitudinale.			
Hauteurs sur quille : au maître	0ᵐ061	0ᵐ066	0ᵐ059
— au 1ᵉʳ avant	0,072	0,076	0,071
— au 2 —	0,148	0,155	0,168
— au 3 —	0,374	0,344	»
— au 1ᵉʳ arrière	0,068	0,080	0,085
— au 2 —	0,108	0,147	0,138
— au 3 —	0,208	0,321	0,294
— au 4 —	0,327	»	»
— au tableau	0,458	»	»

EMBARCATIONS DES NAVIRES DU COMMERCE.

Rapports, en nombres abstraits, avec les trois unités de base.

NOMENCLATURE.	UNITÉS DE BASE.	CANOTS.	CHALOUPES.	Porte-Santeaux.
DIMENSIONS PRINCIPALES.				
Longueur de perpendiculaire en perpendiculaire.	»	1,000	1,000	1,000
Largeur au maître, en dehors des membres. . .	Longueur	0,300	0,330	0,270
Creux sur quille, au plat-bord.	Largeur	0,415	0,400	0,440
Distribution des couples provisoires.				
De la perpendiculaire d'étrave, au 3 avant. . .	Longueur	0,083	0,083	0,083
— — au 2 — . . .	—	0,166	0,166	0,166
— — au maître. . . .	—	0.415	0,400	0,420
Le 1er avant se place au milieu de la distance comprise entre le 2 et le maître.				
De la perpendiculaire d'étambot, au 4 arrière. . .	—	0,083	0,083	0,083
— — au 3 — . . .	—	0,166	0,166	0.166
Le 1er et le 2 arrière divisent en trois parties égales la distance comprise entre le 3 et le maître.				
Tracé de la rablure d'étrave.				
Élancement de la rablure sur quille.	Longueur	0,100	0,100	0,120
Pour obtenir le contour de la rablure, on mène deux ordonnées horizontales qui divisent en trois parties égales la hauteur comprise entre le dessus de quille et le creux au maître.				
Distances de la rablure à la perpendiculaire :				
Ordonnée inférieure, au tiers du creux. . . .	—	0,040	0,040	0,038
Ordonnée supérieure, aux deux tiers du creux.	—	0.018	0,015	0,015
Hauteur du plat-bord, à la perpendiculaire d'étrave, à porter au-dessus du creux.	Creux	0,300	0,422	0.186
Tracé de la rablure d'étambot.				
Quête de la rablure, sur quille.	Longueur	0,025	0,020	0,030
Hauteur du plat-bord, à la perpendiculaire d'étambot, à porter au-dessus du creux.	Creux	0,205	0,264	0.271
Hauteur verticale du pied de l'estain, sur quille.	—	0,400	0,500	0,600

NOMENCLATURE.	UNITÉS DE BASE.	CANOTS.		CHALOUPES.		Porte-Haubans.	
Tracé du maître couple.							
Acculement de la varangue, au demi-bau. . . .	Creux	0,066		0,053		0,121	
Pour obtenir le contour du maître, on mène, comme pour le tracé de la râblure d'étrave, deux ordonnées horizontales qui divisent en trois parties égales la hauteur comprise entre le dessus de quille et le creux au maître.							
Demi-largeurs : à l'ordonnée inférieure. . .	Largeur	0,450		0,458		0,450	
— à l'ordonnée supérieure. . .	—	0,493		0,498		0,494	
— au plat-bord	—	0,500		0,500		0,500	
Tracé de la lisse de plat-bord.							
C'est à partir d'une ordonnée horizontale, menée à la hauteur du creux au maître, que se portent les points de la tonture du plat-bord.		Hauteurs.	1/2 largeurs.	Hauteurs.	1/2 largeurs.	Hauteurs.	1/2 largeurs.
Au 1er avant.	Creux	0,020	0,486	0,037	0,498	0,010	0,484
Au 2 —	pour	0,091	0,453	0,125	0,466	0,047	0,420
Au 3 —	les	0,200	0,515	0,234	0,596	0,102	0,513
Au 1er arrière (diffère peu du maître). . . .	hauteurs.	»	»	»	»	»	»
Au 2 —	Largeur	0,068	0,472	0,074	0,4..	0,0..	0,472
Au 3 —	pour	0,124	0,453	0,145	0,4.4	0,164	0,415
Au 4 —	les	0,171	0,410	0,203	0,461	0,214	0,571
Au tableau.	1/2 larg^s.	0,205	0,575	0,264	0,...	0,271	0,506
Les points du maître sont donnés au tracé du maître couple.							
Tracé de l'ordonnée supérieure, aux deux tiers du creux.							
Demi-largeurs : au 1er avant.	Largeur	0,476		0,490		0,480	
— au 2 —	—	0,387		0,427		0,582	
— au 3 —	—	0,223		0,266		0,230	
— au 1er arrière	—	»		»		»	
— au 2 —	—	0,450		0,485		0,455	
— au 3 —	—	0,577		0,454		0,550	
— au 4 —	—	0,313		0,402		0,200	
— au tableau.	—	0,224		0,327		0,068	

NOMENCLATURE.	UNITÉS DE BASE.	CANOTS.	CHALOUPES.	Porte-Manteaux.
Tracé de l'ordonnée inférieure, au tiers du creux.				
Demi-largeurs : au 1ᵉʳ avant	Largeur	0,404	0,432	0,400
— au 2 —	—	0,242	0,303	0,240
— au 3 —	—	0,087	0,121	0,100
— au 1ᵉʳ arrière	—	0,438	0,458	0,400
— au 2 —	—	0,372	1,410	0,280
— au 3 —	—	0,237	0,264	0,095
— au 4 —	—	0,083	0,121	0,015
Tracé de la section longitudinale, au demi-bau.				
Hauteurs sur quille : Au 1ᵉʳ avant	Creux	0,118	0,092	0,162
— au 2 —	—	0,340	0,253	0,559
— au 3 —	—	0,758	0,610	0,755
— au maître, acculement . . .	—	»	»	»
— au 1ᵉʳ arrière	—	0,090	0,065	0,110
— au 2 —	—	0,175	0,158	0,285
— au 3 —	—	0,400	0,500	0,524
— au 4 —	—	0,545	0,442	0,725
— au tableau	—	0,697	0,576	0,957

EMBARCATIONS DES NAVIRES DU COMMERCE.

Applications des rapports du Tableau N° 3 à trois embarcations.   (Planche VIII.)

DEVIS DU TRACÉ.	CANOT.	CHALOUPE.	Porte-Manteau.
DIMENSIONS PRINCIPALES.			
Longueur de perpendiculaire en perpendiculaire.	3ᵐ400	4ᵐ600	4ᵐ000
Largeur au maître, en dehors des membres.	1,020	1,520	1,080
Creux sur quille, au plat-bord..	0,425	0,608	0,475
Distribution des couples provisoires.			
De la perpendiculaire d'étrave, au 5 avant.	0,283	0,383	0,333
— — au 2 —	0,567	0,766	0,667
— — au maître	1,455	1,840	2,680
De la perpendiculaire d'étambot : au 4 arrière	0,283	0,383	0,333
— — au 5 —	0,567	0,766	0,567
Rablure d'étrave.			
Élancement, sur quille.	0,340	0,460	0,480
Distances de la rablure à la perpendiculaire :			
Ordonnée inférieure.	0,136	0,184	0,152
Ordonnée supérieure.	0,051	0,070	0,060
Hauteur du plat-bord au-dessus du creux, à la perpendiculaire.	0,127	0,256	0,088
Rablure d'étambot.			
Quête, sur quille.	0,085	0,092	0,120
Hauteur du plat-bord au-dessus du creux, à la perpendiculaire.	0,087	0,160	0,129
Hauteur du pied de l'estain.	0,170	0,182	0,285
Maître couple.			
Acculement.	0,028	0,032	0,057
Demi-largeurs : ordonnée inférieure.	0,460	0,696	0,484
— ordonnée supérieure.	0,505	0,757	0,535
— plat-bord.	0,510	0,760	0,540

DEVIS DU TRACÉ.	CANOT.		CHALOUPE.		Porte-Haubans.	
Lisse de plat-bord.	Hauteurs.	1/2 largeurs	Hauteurs.	1/2 largeurs	Hauteurs.	1/2 largeurs
Au 1er avant....................	0m008	0m486	0m022	0m757	0m005	0m522
Au 2 —	0,058	0,442	0,065	0,708	0,022	0,454
Au 3 —	0,085	0,350	0,142	0,602	0,018	0,338
Au 1er arrière................	»	»	»	»	»	»
Au 2 —	0,029	0,481	0,045	0,754	0,041	0,510
Au 3 —	0,052	0,442	0,087	6,736	0,078	0,448
Au 4 —	0,072	0,418	0,123	0,700	0,101	0,400
Au tableau....................	0,087	0,382	0,160	0,67≈	0,129	0,330
Ordonnée supérieure.						
Demi-largeurs : au 1er avant.............	0,485		0,740		0,518	
— au 2 —	0,395		0,649		0,412	
— au 3 —	0,227		0,404		0,237	
— au 1er arrière.............	»		»		»	
— au 2 —	0,459		0,737		0,470	
— au 3 —	0,384		0,690		0,356	
— au 4 —	0,319		0,611		0,216	
— au tableau.............	0,218		0,497		0,075	
Ordonnée inférieure.						
Demi-largeurs : au 1er avant.............	0,412		0,656		0,452	
— au 2 —	0,247		0,460		0,258	
— au 3 —	0,089		0,184		0,108	
— au 1er arrière.............	0,447		0,696		0,452	
— au 2 —	0,579		0,623		0,502	
— au 3 —	0,241		0,401		0,100	
— au 4 —	0,085		0,184		0,015	
Section longitudinale.						
Hauteurs sur quille : au 1er avant....	0,019		0,056		0,077	
— au 2 —	0,144		0,154		0,170	
— au 3 —	0,320		0,371		0,358	
— au 1er arrière.............	0,058		0,059		0,052	
— au 2 —	0,074		0,084		0,135	
— au 3 —	0,169		0,182		0,249	
— au 4 —	0,230		0,269		0,544	
— au tableau.............	0,295		0,350		0,455	

www.ingramcontent.com/pod-product-compliance
Ingram Content Group UK Ltd.
Pitfield, Milton Keynes, MK11 3LW, UK
UKHW022247070726
13613UKWH00005B/2157

9 782019 979256